30일 완성 예쁜 손글씨 연습장

초등 가장 쉬운 바른글씨 따라쓰기
하루 한장의 기적

동양북스 콘텐츠기획팀 지음

동양북스

나의 꿈, 나의 계획

나는 _____ 한

_____ (이)가 될 거예요.

건강 목표

생활 목표

공부 목표

목차

나의 꿈, 나의 계획	2	이렇게 활용하세요!	6
칭찬합니다!	3	바른 글씨 습관, 여든 간다!	8

1주차 바른 자세 바른 글씨 — 12

- **1일차** 직선, 곡선 긋기 — 14
- **2일차** 자음 쓰기(1) — 16
- **3일차** 자음 쓰기(2) — 18
- **4일차** 모음 쓰기(1) — 20
- **5일차** 모음 쓰기(2) — 22
- **재미 놀이** 점선 따라 그림 그리기 — 24

2주차 모양 따라 글자 쓰기 — 26

- **6일차** 서있는 사다리꼴 글자 쓰기 — 28
- **7일차** 사다리꼴 글자 쓰기 — 30
- **8일차** 여섯모꼴 글자 쓰기 — 32
- **9일차** 네모꼴 글자 쓰기 — 34
- **10일차** 쌍자음 글자 쓰기 — 36
- **재미놀이** 재미있는 끝말잇기(1) — 38

3주차 재미 있는 낱말 쓰기(1) — 40

- **11일차** 다정한 가족 호칭 쓰기 — 40
- **12일차** 귀여운 동물 이름 쓰기 — 44
- **13일차** 아름다운 꽃 이름 쓰기 — 46
- **14일차** 향긋한 과일 이름 쓰기 — 48
- **15일차** 재미있는 놀이 이름 쓰기 — 50
- **재미놀이** 재미있는 끝말잇기(2) — 52

4주차 재미 있는 낱말 쓰기(2) — 54

- **16일차** 계절 이름과 날씨 쓰기 — 56
- **17일차** 맛있는 간식 이름 쓰기 — 58
- **18일차** 먼 나라 이웃 나라 이름 쓰기 — 60
- **19일차** 신나는 탈것 이름 쓰기 — 62
- **20일차** 신기한 공룡 이름 쓰기 — 64
- **재미놀이** 알쏭달쏭 수수께끼 — 66

5주차 지혜로운 문장 쓰기(1) — 68

- **21일차** 생활에 관한 속담 쓰기(1) — 70
- **22일차** 생활에 관한 속담 쓰기(2) — 72
- **23일차** 동물이 나오는 속담 쓰기(1) — 74
- **24일차** 동물이 나오는 속담 쓰기(2) — 76
- **25일차** 자연에 관한 속담 쓰기(1) — 78
- **재미놀이** 가로세로 낱말퍼즐 — 80

6주차 지혜로운 문장 쓰기(2) — 82

- **26일차** 자연에 관한 속담 쓰기(2) — 84
- **27일차** 우정에 관한 속담 쓰기(1) — 86
- **28일차** 우정에 관한 속담 쓰기(2) — 88
- **29일차** 자신감을 주는 속담 쓰기(1) — 90
- **30일차** 자신감을 주는 속담 쓰기(2) — 92
- **재미놀이** 마음을 전하는 카드 쓰기 — 94

부록

- 바른 글짓기 따라쓰기 — 96
- 일기 쓰기, 이렇게 하면 쉬워요! — 98
- 독서록, 이렇게 쓰면 쉬워요! — 106

이렇게 활용하세요!

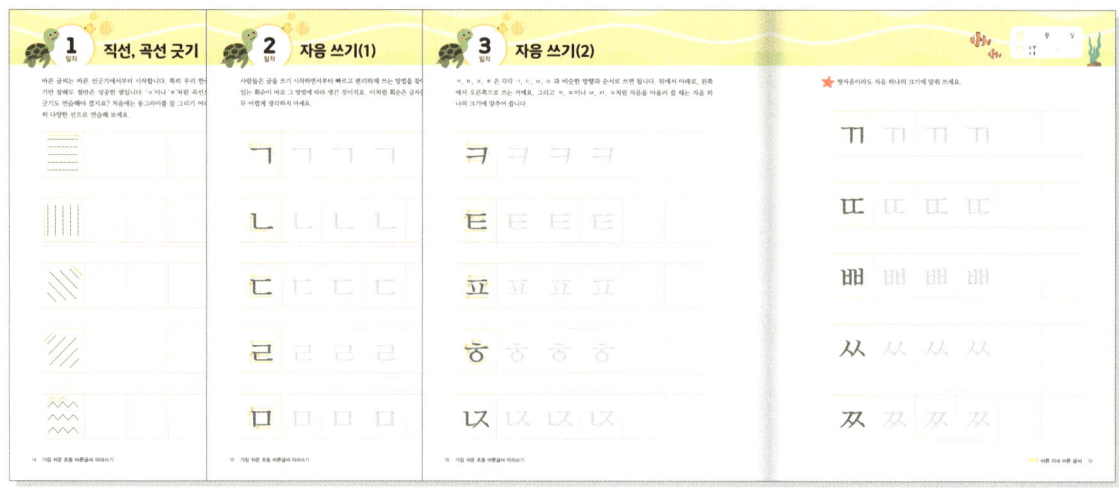

⭐ 평생의 글씨 습관, 하루 한 장이면 OK!

하루 30분씩 30일 동안 주어진 글씨를 따라 적으면서 글씨 습관을 다질 수 있도록 구성하였습니다. 처음에는 선 긋기부터 시작해서, 낱글자 쓰기에 이어 단어 쓰기, 마지막으로 문장을 쓰도록 단계별로 구성해놓아, 천천히 자신의 글씨체를 만들어 갈 수 있습니다.

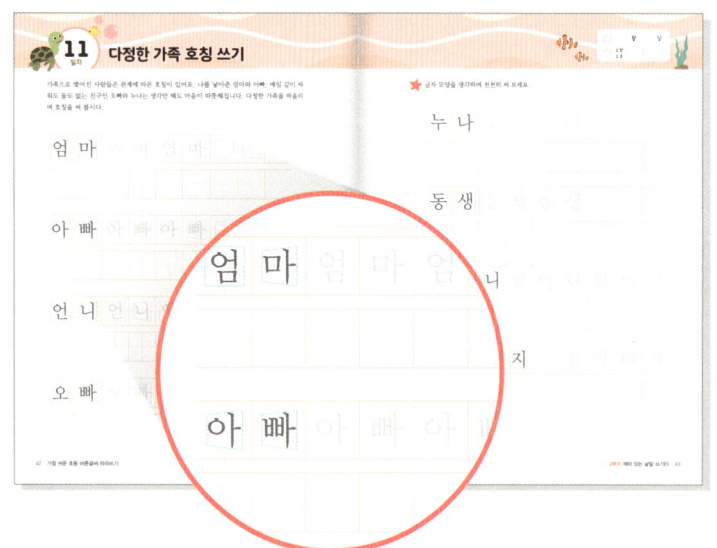

하루 미션을 마치면 칭찬 도장을 찍어 성취감을 높이세요!

※칭찬 도장 미포함

⭐ 글씨 쓰기의 비법, 이렇게만 따라해요!

바른 글씨 쓰기의 비법을 정리한 글을 읽으며, 차근차근 연습할 수 있도록 하였습니다. 또 자음과 모음이 결합에 따라 글자의 모양을 네 가지로 나누어, 각 모양에 맞춰 글자를 연습할 수 있도록 구성하였습니다.

⭐ 재미 있는 게임으로 지루할 틈이 없어요!

5일에 한 번씩 재미 있는 게임을 하며 글씨 쓰기에 흥미를 유지할 수 있도록 하였습니다.

⭐ 일기와 독서록, 신나게 잘 쓰는 비법이 있어요!

그동안 갈고 닦은 자기만의 글씨체로 생활 글쓰기를 연습할 수 있도록 하였습니다. 처음 일기나 독서록을 쓰기를 시작한 어린이들이 자신 있게, 즐겁게 할 수 있도록 자세한 방법과 연습을 제시하였습니다.

바른 글씨 습관, 여든 간다!

어릴 적 만든 좋은 습관은 평생에 걸쳐 좋은 영향을 미칩니다. 글씨를 쓰는 습관도 마찬가지입니다. 초등학생 때 바르게 글씨 쓰는 법을 익혀두면 생활에 큰 도움이 됩니다. 게다가 글씨 쓰는 것은 단순히 습관뿐만 아니라, 학생들의 학습 능력과도 밀접한 관계가 있습니다. 한 글자, 한 글자 정성 들여 글씨를 쓰는 것으로 잠재된 학습 능력을 끌어낼 수 있기 때문이에요.

악필이면 어때요?

요즘 초등학생들에게는 연필보다는 컴퓨터의 마우스가 더 익숙하지요? 게다가 학교에서도 글씨를 써야 하는 수업이 많지 않다 보니, 학생들은 글씨 쓰는 것을 더 어렵게 생각합니다. 글씨체 모양이 바르지 않아 읽기도 힘들뿐더러, 글씨 쓰는 속도도 느리기 때문에 글씨 쓰는데 흥미가 없는 것이지요.

하지만 학년이 높아질수록 직접 글씨를 써야 할 일이 많아지지요. 나중에 대학에서 논술 시험을 볼 때나 더 나중에 입사 시험을 볼 때 등 직접 손글씨로 내용을 써야 할 중요한 순간은 생각보다 더 많을 거예요. 당장 글씨를 못 써도 불편하지는 않겠지만, 올바르게 글씨 쓰는 습관은 중요한 순간마다 큰 도움이 될 거예요.

아무리 써도 글씨체가 좋아지지 않아요!

한 글자씩 보면 글씨체가 나쁘지 않은데, 많은 내용을 쓰다 보면 글씨체가 엉망인 사람들이 많아요. 아래 세 가지를 먼저 확인해 보세요. 이것만 고쳐도 글씨체가 금세 좋아질 거예요.

바른 자세
허리를 세우고 의자 안쪽까지 앉아, 자세를 바르게 해 보세요. 팔의 넓이를 어깨만큼 넓혀 오른손이 놓이는 곳에 노트를 두고, 왼손을 펼쳐 종이를 살짝 누르세요. 고개를 살짝만 숙여 종이를 내려다 보며 쓰는 것이 좋습니다.

바르게 연필 잡기
바르게 연필을 잡아보세요. 중지로 연필을 받치고 엄지와 검지로 가볍게 잡으세요. 종이와의 각도는 70도 정도로 하고, 손날을 바닥에 붙인 뒤 연필을 잡은 세 손가락을 움직여 글씨를 씁니다.

적합한 필기구
처음 글씨 연습을 할 때는 연필이 제일 좋습니다. 적당한 획 두께에 심도 단단하고, 무엇보다 지웠다가 쓸 수 있으니까요. 연필 중에서는 HB 연필이나 심이 조금 더 부드러운 B 연필이 좋아요. 샤프를 쓰는 학생들도 많은데, 샤프는 심이 잘 부러져서 좋지 않아요.

☑ 글씨 연습 시작 전, 확인해 볼까요?

바르게 앉았나요?

노트를 바르게 두었나요?

**바른 마음
바른 글씨**

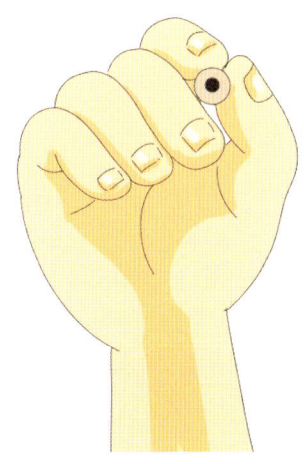

연필을 바르게 쥐었나요?

서두르지 말고 집중해서 쓰세요!

초등 글씨 습관, 여든 간다!

✏️ 글씨를 쓰는 데도 요령이 있어요!

글씨를 무작정 많이 쓴다고 해서 글씨체가 갑자기 좋아지지는 않아요. 정갈하게 보이는 글씨의 포인트를 알면 연습하기 쉽고, 글씨체도 금세 좋아집니다. 다음 몇 가지에 주의하여 써 보세요.

세로 선과 가로 선을 곧게
한글은 글자 모양이 네모꼴처럼 곧기 때문에 가로획과 세로획만 곧게 그어도 글자 모양이 반듯해 보입니다.

올바른 예 / 좋지 않은 예

자음과 모음의 모양을 분명하게(획수에 맞게 쓰기)
'ㅁ'을 빠르게 쓰다 보면 'ㅇ'과 비슷해 보일 수 있어요. 이처럼 각 자음과 모음의 모양을 흐트러뜨리지 말고 분명하게 써 보세요. 또 글자의 각 부분을 제자리에 쓰면 글씨가 정갈해 보입니다.

올바른 예 / 좋지 않은 예

획이 꺾이는 부분을 정확하게
'고'의 'ㄱ'을 쓸 때 획이 꺾이는 부분을 둥글게 쓰면 가로획이든, 세로획이든 곧게 보이지 않지요? 이처럼 획이 꺾이는 부분을 각지게 쓰면 글씨가 더욱더 반듯해 보입니다.

올바른 예 / 좋지 않은 예

획과 획의 연결을 깔끔하게
'태'를 쓸 때 'ㅌ'이나 'ㅐ'에서 가로획과 세로획이 만나는 부분의 획이 삐져나와 있다면 글씨가 지저분해 보일 거예요. 획과 획의 접점을 깔끔하게 쓰면 글씨가 정갈해 보입니다.

올바른 예   좋지 않은 예

✏️ 획순을 꼭 맞춰 써야 할까요?

 글자를 쓰는 데는 순서가 있어요. 이건 한글이나 한자, 로마자 알파벳도 마찬가지지요. 본인이 편한 대로 쓰면 될 텐데, 왜 굳이 획을 긋는 순서를 정했을까요? 그것은 글자를 쉽고, 빠르고, 보기 좋게 쓰는 데 도움이 되기 때문이에요.
 예를 들어 ㅁ을 쓸 때, 3획으로 쓰지 않고 선마다 획을 달리해 4획으로 써 보세요. 3획일 때보다 글씨 속도가 느려지지요. 반대로 ㄹ을 3획이 아닌 2획으로 써 보세요. 글씨 속도는 빨라지겠지만, 반듯해 보이지 않을 거예요.

 글자를 쓰는 획순은 몇 가지 원칙이 있는데, 한 번만 제대로 익혀 두면 평생 바르게 쓸 수 있어요.

① 위에서 아래로
② 왼쪽에서 오른쪽으로
③ 가로에서 세로로

 지금 당장 글씨체가 바뀌지는 않을 거예요. 하지만 천 리 길도 한 걸음부터라는 말이 있지요? 매일 하나씩 바르게 쓰는 방법을 익혀가다 보면, 어느 날 나도 모르는 새 아름답고 정갈한 글씨체를 가질 수 있을 거예요.

바른 자세 바른 글씨

글씨 연습은 많이 써 보는 것보다 바르게 쓰는 것이 중요합니다.
선을 반듯하게 긋는 것은 글씨를 바르게 쓰는 기초가 됩니다.

1일차 직선, 곡선 긋기

바른 글씨는 바른 선긋기에서부터 시작합니다. 특히 우리 한글에는 직선이 많기 때문에 직선 긋기만 잘해도 절반은 성공한 셈입니다. 'ㅇ'이나 'ㅎ'처럼 곡선으로 된 자음을 쓰기 위해서는 곡선 긋기도 연습해야 겠지요? 처음에는 동그라미를 잘 그리기 어려울 수 있어요. 서두르지 말고 천천히 다양한 선으로 연습해 보세요.

 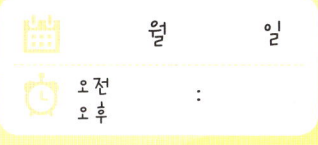 

 여럿의 선을 그을 때는 선 사이 간격을 일정하게 맞춰서 그려 보세요.

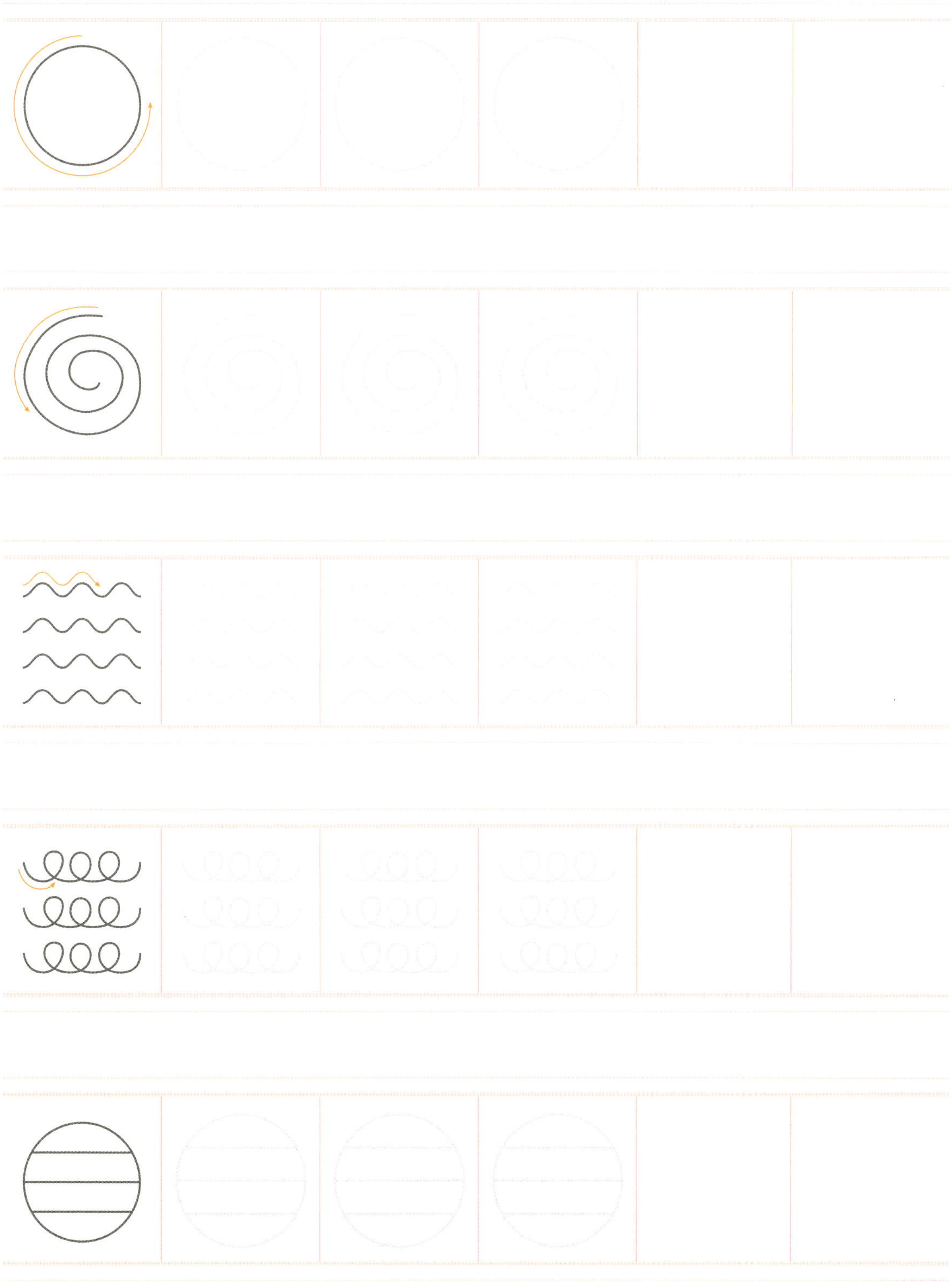

자음 쓰기(1)

사람들은 글을 쓰기 시작하면서부터 빠르고 편리하게 쓰는 방법을 찾아왔어요. 지금 우리가 알고 있는 획순이 바로 그 방법에 따라 생긴 것이지요. 이처럼 획순은 글자를 쓰는 편리한 순서이니 너무 어렵게 생각하지 마세요.

ㅈ, ㅊ은 글씨체에 따라 각각 3획과 4획으로 써도 됩니다.(ㅈ, ㅊ)

3일차 자음 쓰기(2)

ㅋ, ㅌ, ㅍ, ㅎ 은 각각 ㄱ, ㄷ, ㅂ, ㅇ 과 비슷한 방향과 순서로 쓰면 됩니다. 위에서 아래로, 왼쪽에서 오른쪽으로 쓰는 거예요. 그리고 ㄲ, ㄸ이나 ㄵ, ㄻ, ㄳ처럼 자음을 아울러 쓸 때는 자음 하나의 크기에 맞추어 씁니다.

쌍자음이라도 자음 하나의 크기에 맞춰 쓰세요.

ㄲ ㄲ ㄲ ㄲ

ㄸ ㄸ ㄸ ㄸ

ㅃ ㅃ ㅃ ㅃ

ㅆ ㅆ ㅆ ㅆ

ㅉ ㅉ ㅉ ㅉ

모음 쓰기(1)

모음을 획순에 따라 써 봅시다. 앞서 말한 기본적인 순서를 생각하면 쉬워요. 위에서 아래로, 왼쪽에서 오른쪽으로, 가로에서 세로로. 일부러 획순을 외우려고 하지 않아도 됩니다. 쓰다 보면 자연스럽게 획순에 맞춰 쓰게 될 거예요.

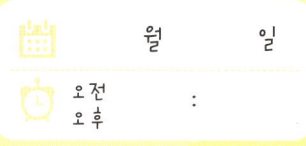 월   일
오전
오후   :

 특히 모음을 쓸 때는 획과 획이 만나는 부분이 떨어지지 않도록 하세요.

ㅛ

ㅜ

ㅠ

ㅡ

ㅣ

1주차 바른 자세 바른 글씨

모음 쓰기(2)

두세 개 모음을 아울러 쓰는 것으로는 ㅐ, ㅒ, ㅔ, ㅖ, ㅘ, ㅙ, ㅚ, ㅝ, ㅞ, ㅟ, ㅢ 등이 있어요. 이때도 원래 모음의 획순을 생각하며 쓰면 됩니다. 세로획의 높이에 따라, 가로획의 길이에 따라 칸의 중심에 맞추어 써 봅시다.

 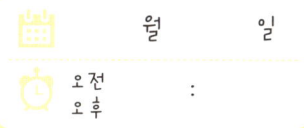 

⭐ ㅐ나 ㅒ처럼 세로획 사이에 가로획이 있을 때는 획순에 주의하여 쓰세요.

ㅐ

ㅚ

ㅝ

ㅖ

ㅟ

1주차 바른 자세 바른 글씨 23

재미놀이

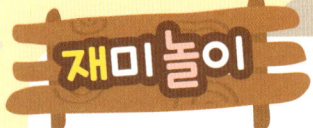

점선 따라 그림 그리기

점선을 이어 따라 그려 보세요. 그리고 그 안에 색을 채워 그림을 완성해 보세요.

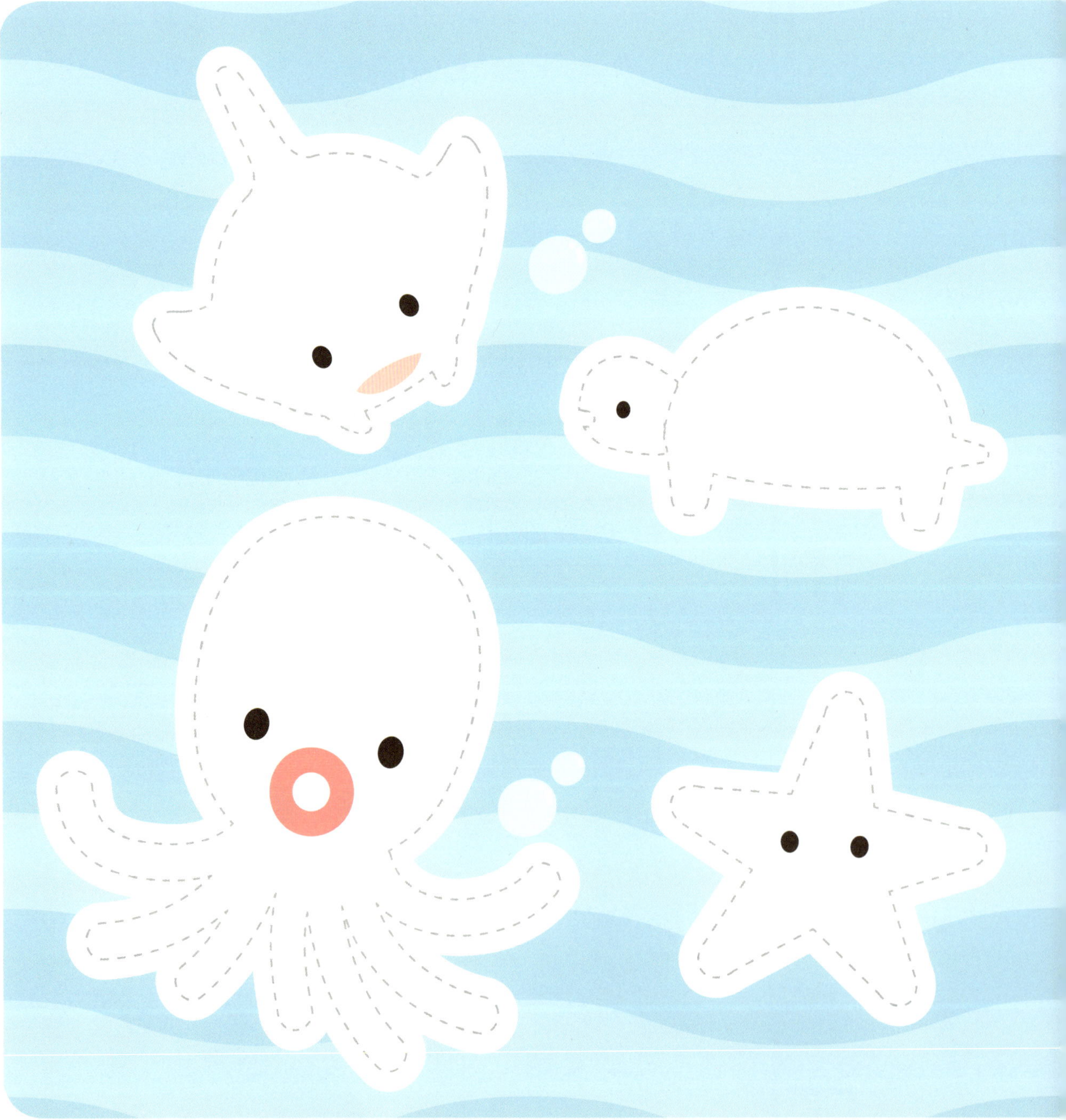

모양 따라 글자 쓰기

낱글자는 자음과 모음이 어떻게 어우러져 있느냐에 따라 네 가지 모양으로 쓸 수 있습니다. 글자 모양을 바로잡으면 누구나 글씨를 잘 쓸 수 있습니다.

6일차 서있는 사다리꼴 글자 쓰기

글씨 연습을 할 때는 무엇보다 각각의 글자 모양을 생각하며 써야 해요. 글자 모양을 맞춰 쓰면 자음과 모음에 균형이 맞아 보기에 좋거든요. 먼저 ㅏ, ㅑ, ㅓ, ㅕ, ㅣ처럼 세로로 긴 모음이 있는 글자는 옆으로 서있는 사다리꼴에 맞추어 씁니다. 자음과 모음이 있는 위치를 확인하며 연습해 봅시다.

가 가 가 가
냐 냐 냐 냐
더 더 더 더
려 려 려 려
미 미 미 미
배 배 배 배
세 세 세 세

 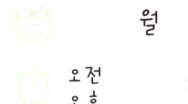 

 왼쪽 자음을 너무 크게 쓰지 않도록 주의하세요.

애
계
취
쾌
퇴
페
훼

사다리꼴 글자 쓰기

7일차

ㅗ, ㅛ, ㅡ처럼 가로획이 긴 모음이 있는 글자는 사다리꼴에 맞춰 쓰면 매우 균형 있게 보입니다. 쓸 때는 모음의 가로획을 자음의 폭보다 약간 길게 그으세요. 그리고 ㄱ, ㅅ, ㅈ, ㅊ, ㅋ에 ㅗ, ㅛ를 쓸 때는 자음과 모음획이 부딪히지 않도록 쓰면 좋습니다.

고	고	고	고			
노	노	노	노			
도	도	도	도			
로	로	로	로			
모	모	모	모			
뵤	뵤	뵤	뵤			
쇼	쇼	쇼	쇼			

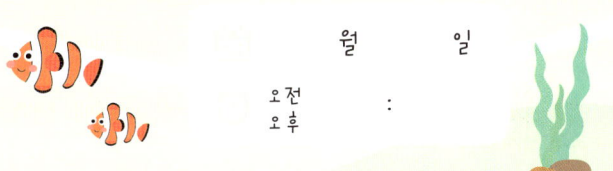

오전
오후   월   일   :

 모음의 가로획을 자음의 폭보다 약간 길게 그으세요.

요						
죠						
쵸						
크						
트						
프						
흐						

2주차 모양 따라 글자 쓰기

여섯모꼴 글자 쓰기

ㅜ, ㅠ처럼 가로획 다음에 다른 획이 있을 때는 여섯모꼴에 맞추어 씁니다. 또 ㅗ, ㅛ, ㅜ, ㅠ, ㅡ 다음에 받침자가 있을 때도 여섯모꼴로 쓰면 예쁩니다. 모음의 가로획은 자음보다 약간 길게 긋도록 하세요. 그래야 균형 있어 보이거든요. 그리고 아래에 받침자가 있을 때는 위 아래 자음의 크기를 비슷하게 맞춰서 쓰세요.

구
뉴
독
룡
문
불
습

월   일
오전
오후   :

 받침자가 있을 때는 위 아래 자음의 크기가 비슷하도록 쓰세요.

우
쥬
총
콧
튼
풀
흘

2주차 모양 따라 글자 쓰기

네모꼴 글자 쓰기

모음이 왼쪽에 세워져 있고 받침자까지 같이 있는 글자는 네모 모양에 맞추어 쓰면 반듯해 보입니다. 이때 자음은 초성과 종성(받침)일 때 모양이 조금씩 다릅니다. 예를 들어 '각'의 첫 부분에 쓴 ㄱ과 받침에 쓴 ㄱ은 모양이 다르지요? 자음이 위치에 따라 모양이 달라지는 것을 확인하며 천천히 따라 써 보세요.

랗

앝

섶

볕

핍

뱀

넥

 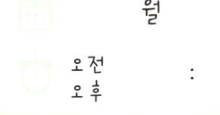 

 모음의 세로획이 받침 자리를 쳐들어가지 않도록 쓰세요.

옛

완

횃

원

쉥

윔

될

쌍자음 글자 쓰기

ㄲ, ㄸ, ㅃ, ㅆ, ㅉ처럼 자음을 아울러 쓰는 경우에는 자음 사이를 가까이 붙여 씁니다. 자음 하나의 크기보다 커지지 않도록 주의하여 쓰세요. 받침으로 쓰는 ㄵ, ㄶ, ㄼ을 쓸 때도 마찬가지로 크기에 주의하세요.

까 까 까 까
떠 떠 떠 떠
씨 씨 씨 씨
또 또 또 또
뽀 뽀 뽀 뽀
쓰 쓰 쓰 쓰
쭈 쭈 쭈 쭈

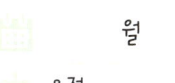

월   일
오전
오후   :

 획 사이 간격이 너무 붙지 않도록 주의하세요.

떡

쌓

꽃

뿔

똥

닭

앉

2주차 모양 따라 글자 쓰기

재미있는 끝말잇기(1)

힌트를 보고 끝말을 이어 사다리 끝까지 가 봅시다.

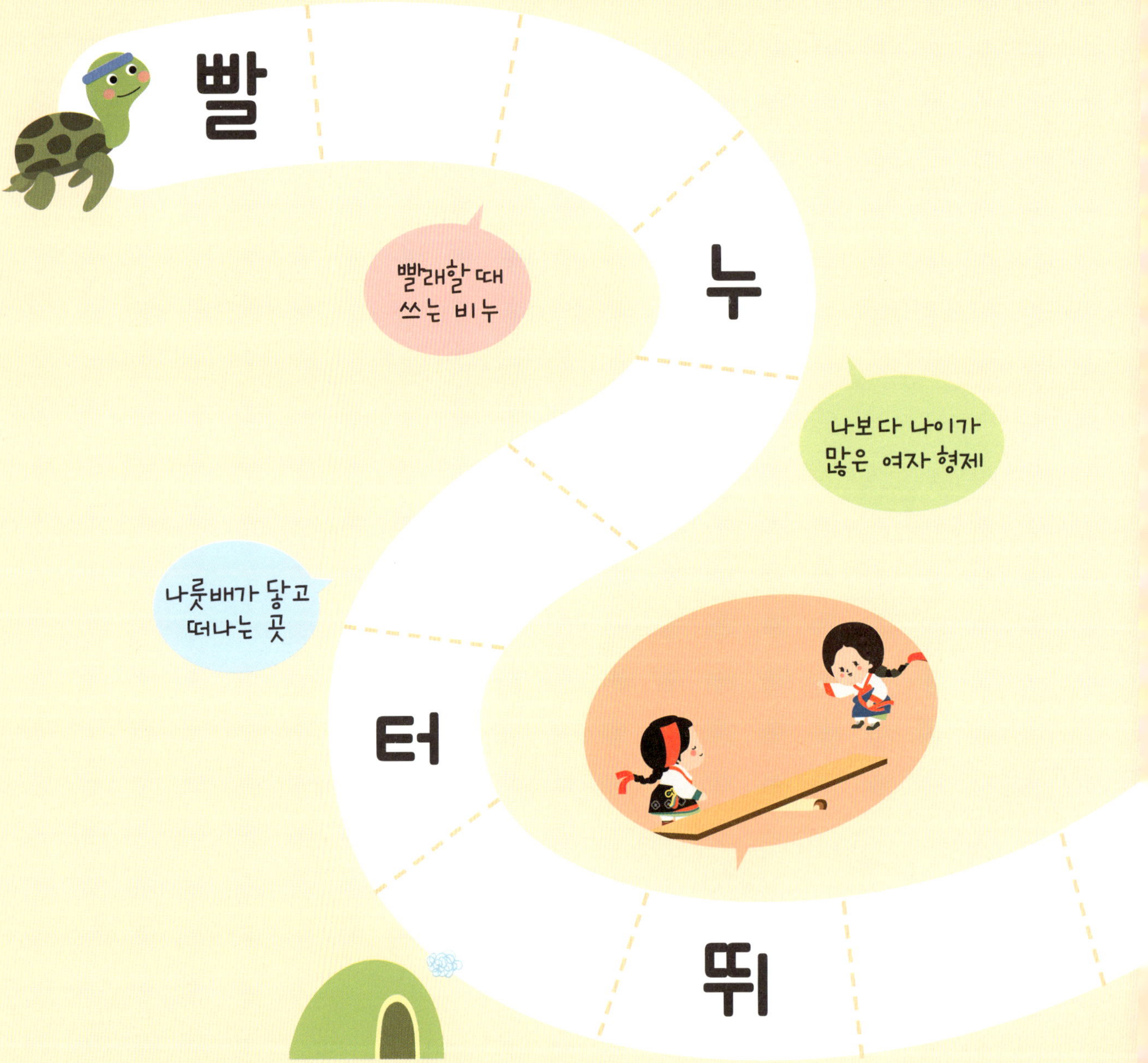

빨

누

뛰

터

빨래할 때 쓰는 비누

나보다 나이가 많은 여자 형제

나룻배가 닿고 떠나는 곳

잡   쑤   개

길을 인도해
주는 것

찾

리

기차가
다니는 길

붙임딱지 – 지우개 – 가방 – 올챙이 – 친구들 – 연필 – 철길 – 이정표 – 나뭇잎   정답

2주차 모양 따라 글자 쓰기

재미 있는 낱말 쓰기(1)

두 글자 이상의 단어를 쓰다 보면, 나도 모르게 속도가 빨라지면서 글자 모양이 흐트러집니다. 처음의 속도를 유지하면서 모양을 생각하며 써 봅시다.

11일차 다정한 가족 호칭 쓰기

가족으로 맺어진 사람들은 관계에 따른 호칭이 있어요. 나를 낳아준 엄마와 아빠, 매일 같이 싸워도 둘도 없는 친구인 오빠와 누나는 생각만 해도 마음이 따뜻해집니다. 다정한 가족을 떠올리며 호칭을 써 봅시다.

엄마

아빠

언니

오빠

 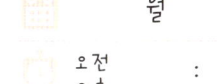 

⭐ 글자 모양을 생각하며 천천히 써 보세요.

누나

동생

할머니

할아버지

귀여운 동물 이름 쓰기

집에 가면 가장 먼저 나를 반기는 강아지, 새초롬하게 슬쩍 인사하는 고양이. 모두 저마다의 매력을 뽐내며 우리와 함께 사랑을 나누며 살지요. 오늘은 집에서 기르는 귀여운 동물들의 이름을 써 봅시다.

강아지 강아지 강아지

고양이 고양이 고양이

토끼 토끼 토끼

거북이 거북이 거북이

월 일
오전
오후 :

 잘 아는 단어일수록 글자 모양을 생각하며 천천히 써 보세요.

오리

햄스터

앵무새

이구아나

3주차 재미 있는 낱말 쓰기(1)

아름다운 꽃 이름 쓰기

알록달록 계절을 수놓는 아름다운 꽃은 우리의 마음을 편안하게 해 주지요. 여러분은 어떤 꽃을 좋아하나요? 고고한 튤립, 우애를 뜻하는 목련, 기쁨을 나타내는 진달래. 꽃마다 담고 있는 의미를 떠올리며 아름다운 꽃 이름을 써 봅시다.

장미 장미 장미

튤립 튤립 튤립

목련 목련 목련

물망초 물망초 물망초

 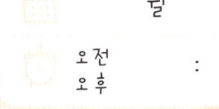 

 획이 꺾이는 부분이 둥글어지지 않도록, 모서리에서 잠시 멈추었다가 쓰세요.

개 나 리

무 궁 화

진 달 래

히 야 신 스

14일차 향긋한 과일 이름 쓰기

계절마다 열리는 다양한 과일은 우리 식탁을 풍성하게 합니다. 봄에는 딸기, 여름에는 수박과 참외 등 맛있는 과일이 참 많아요. 그밖에도 해외에서 들여오는 수입 과일도 많지요. 좋아하는 과일을 생각하며, 달콤 새콤 맛있는 과일 이름을 써 봅시다.

딸기 딸기 딸기

참외 참외 참외

앵두 앵두 앵두

키위 키위 키위

 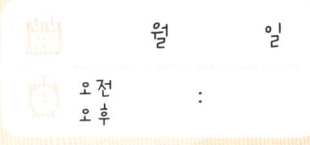 

 ㅇ, ㅎ을 쓸 때는 동그라미 모양이 잘 생기도록 반듯하게 곡선을 그어 보세요.

오렌지

바나나

복숭아

파인애플

재미있는 놀이 이름 쓰기

우리나라 전통 놀이에는 재미있는 것이 참 많아요. 단오에 놀던 그네와 씨름, 정월대보름에 하던 달맞이 등 전통 놀이는 지금까지 전해 내려오고 있어요. 어떤 놀이일까 생각하며 전통 놀이 이름을 써 봅시다.

그네

썰매

투호

윷놀이

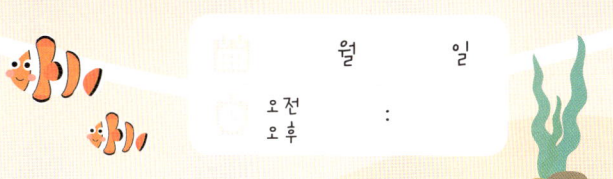

 획을 그을 때는 처음부터 끝까지 똑같은 힘을 주어 반듯하게 그으세요.

고싸움

널뛰기

달맞이

제기차기

재미있는 끝말잇기(2)

힌트를 보고 끝말을 이어 사다리 끝까지 가 봅시다.

까

귀

개

벌

3주차 재미 있는 낱말 쓰기(1)

재미 있는
낱말 쓰기(2)

자음과 모음이 복잡하게 얽혀있는 글자라도 한 획, 한 획에 집중해서 쓰면 모양이 바로잡힙니다. 제 위치에 알맞은 크기로 쓴 글자는 탄탄한 느낌을 줍니다.

16일차 계절 이름과 날씨 쓰기

우리나라에는 사계절이 있어 매일매일 새로운 날씨가 우리를 맞지요. 봄날 언덕에 피어오르는 아지랑이, 여름날 불볕 더위를 식혀주는 시원한 소나기 등, 다양한 날씨 덕분에 하루하루가 신납니다. 계절의 이름과 계절에 볼 수 있는 날씨를 써 봅시다.

봄

여름

가을

겨울

 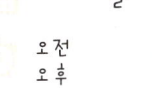 

월   일
오전 :
오후

 ㅁ이나 ㅂ, ㅍ을 쓸 때는 획 사이의 네모 모양이 잘 생기도록 각 획을 평행하게 그으세요.

아 지 랑 이

소 나 기

서 리

함 박 눈

맛있는 간식 이름 쓰기

시장에 가면 맛있는 간식이 우리를 부릅니다. 찰떡궁합인 떡볶이와 튀김, 호호 불며 먹는 찐빵, 시원하게 비벼 먹는 팥빙수까지. 여러분은 어떤 간식을 좋아하나요? 오늘은 여러 가지 간식의 이름을 써 봅시다.

찐빵

호떡

만두

튀김

 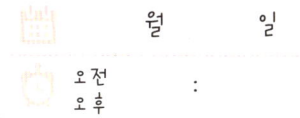 

★ 받침 있는 글자에 비해, 받침이 없는 글자를 너무 작게 쓰지 않도록 주의하세요.

옥수수

떡볶이

햄버거

팥빙수

4주차 재미 있는 낱말 쓰기(2)

18일차 먼 나라 이웃 나라 이름 쓰기

우리나라 주변에는 어떤 나라가 있나요? 바다 건너 저 멀리에는 어떤 나라가 있나요? 판다의 나라 중국, 쌈바의 나라 브라질, 에펠탑으로 유명한 프랑스까지. 오늘은 먼 나라, 이웃 나라의 이름을 써 봅시다.

일본 일본 일본

중국 중국 중국

베트남 베트남 베트남

러시아 러시아 러시아

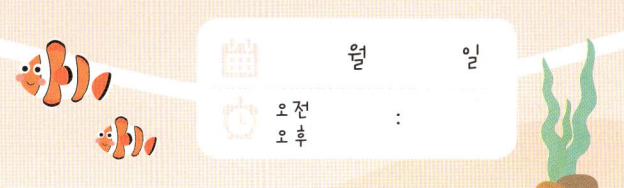

 우리글은 가로쓰기를 하기 때문에, 글자의 세로획을 반듯하게 그었을 때 더 정갈해 보여요.

캐나다 캐나다 캐나다

브라질 브라질 브라질

프랑스 프랑스 프랑스

이탈리아 이탈리아

4주차 재미 있는 낱말 쓰기(2)

19일차 신나는 탈것 이름 쓰기

도로와 하늘, 바다에 있는 다양한 탈것은 우리를 편리하게 합니다. 땅 위에는 버스가, 땅속에는 지하철이 있어 많은 사람들을 곳곳으로 데려다 주지요. 여러분은 어떤 것을 타 보았나요? 오늘은 다양한 탈것의 이름을 써 봅시다.

버스 버스 버스

택시 택시 택시

기차 기차 기차

자전거 자전거 자전거

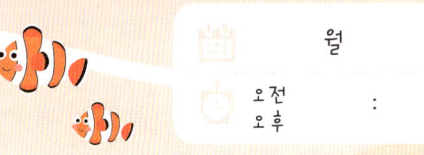

월   일
오전
오후   :

 획이 맞닿는 부분에서 획이 서로 삐져나오지 않도록 쓰세요.

자 동 차

지 하 철

여 객 선

헬 리 콥 터

20일차 신기한 공룡 이름 쓰기

아주 먼 옛날, 땅에서, 바다에서, 하늘에서 지구를 지배하던 공룡이 있었어요. 무시무시한 육식 공룡 티라노사우르스, 무섭게 생겼지만 초식 공룡인 트리케라톱스 등, 수많은 공룡이 살고 있었지요. 오늘은 다양한 공룡의 이름을 써 봅시다.

시조새

슈부이아

아르케론

벨로키랍토르

⭐ 외래어는 실제 발음과 쓰는 것이 다를 수 있어요.

트리케라톱스

티라노사우루스

파라사우롤로푸스

유오플로케팔루스

알쏭달쏭 수수께끼

문제와 그림힌트를 보고 수수께끼를 풀어 봅시다.

1. 가위는 가위인데 자르지 못하는 가위는?

2. 개 중에서 가장 아름다운 개는?

3. 밥 먹을 때마다 따라오는 개는?

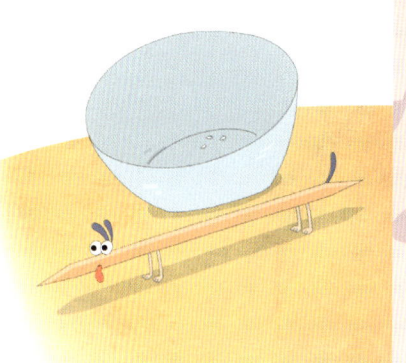

□ □ □ □

4. 눈을 감으면 보이고, 뜨면 안 보이는 것은?

□

5. 가도 가도 끝없이 도는 것은?

□ □ □ □

정답: 1. 옹가미야 2. 무지개 3. 이쑤시개 4. 꿈 5. 물레방아

지혜로운 문장 쓰기(1)

문장을 쓸 때는 글자와 글자의 간격을 잘 맞추고, 띄어쓰기에 유의해야 합니다. 글자 줄도 가지런히 잘 맞춰야 하는데, 그때는 맨 먼저 쓰는 글자의 자리를 잘 잡은 뒤, 왼쪽 글자에 맞춰서 하나씩 써가면 됩니다.

21일차 생활에 관한 속담 쓰기(1)

가는 날이 장날.

가는 날이 장날.

가는 날이 장날.

일을 보러 가니 공교롭게 장이 서는 날이라는 뜻입니다.
어떤 일을 하려고 하는데 뜻하지 않은 일이 공교롭게 생겼을 때 쓰는 속담입니다.

황소 뒷걸음치다 쥐 잡는다.

황소 뒷걸음치다 쥐 잡는다.

황소 뒷걸음치다 쥐 잡는다.

커다란 황소가 뒷걸음을 치다가 어쩌다 작은 쥐를 잡았다는 뜻입니다.
어쩌다 우연히 일을 이루거나 알아맞혔을 때 쓰는 속담입니다.

빈 수레가 요란하다.

아무것도 싣지 않은 수레는 가벼워서, 달릴 때 무거운 수레보다 더 큰 소리가 난다는 뜻입니다.
실속 없는 사람일수록 겉으로 더 떠들어 대는 것을 비유하는 속담입니다.

돌다리도 두들겨 보고 건너라.

튼튼한 돌다리가 무너질 리 있겠습니까? 그렇더라도 두드려보며 조심히 건너는 게 좋겠지요?
잘 아는 일이라도 세심하게 주의하라는 뜻으로 쓰는 속담입니다.

22일차 생활에 관한 속담 쓰기(2)

같은 값이면 다홍치마.

같은 값이면 다홍치마.

같은 값이면 다홍치마.

똑같은 값이라면 더 좋은 것을 고르겠지요?
값이 같거나 같은 노력을 한다면 품질이 좋은 것을 택한다는 뜻으로 쓰는 속담입니다.

될성부른 나무는 떡잎부터 알아본다.

될성부른 나무는 떡잎부터 알아본다.

될성부른 나무는 떡잎부터 알아본다.

크게 자랄 나무는 처음에 올라오는 떡잎부터도 남다르다는 말입니다.
사람도 마찬가지로 잘될 사람은 어려서부터 장래성이 엿보인다는 뜻으로 쓰는 속담입니다.

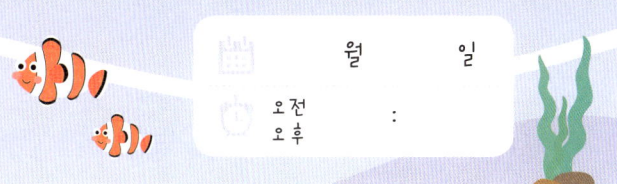

낫 놓고 기역 자도 모른다.

낫 놓고 기역 자도 모른다.

낫 놓고 기역 자도 모른다.

기역 자 모양으로 생긴 낫을 보면서도 'ㄱ'자를 못 알아본다는 뜻입니다.
아주 무식함을 비유하는 속담입니다.

낮말은 새가 듣고 밤말은 쥐가 듣는다.

낮말은 새가 듣고 밤말은 쥐가 듣는다.

낮말은 새가 듣고 밤말은 쥐가 듣는다.

소곤소곤 귓속말을 해도 주위에 누군가는 들을 수 있어요.
그러니 아무도 안 듣는 데서라도 말조심해야 한다는 뜻으로 쓰는 속담입니다.

23일차 동물이 나오는 속담 쓰기(1)

가재는 게 편.

가재는 게 편.

가재는 게 편.

가재나 게는 생긴 것이 서로 비슷하죠? 이처럼 모양이나 형편이 서로 비슷하고 인연이 있는 것끼리 서로 잘 어울리고, 서로 감싸 주기도 한다는 것을 비유하는 속담입니다.

쇠귀에 경 읽기.

쇠귀에 경 읽기.

쇠귀에 경 읽기.

소의 귀에 대고 좋은 글을 읽어 본들 소는 한 마디도 못 알아듣겠죠? 이처럼 아무리 가르치고 일러 주어도 알아듣지 못하거나 효과가 없는 경우에 쓰는 속담입니다.

소 잃고 외양간 고친다.

 소를 도둑맞은 다음에서야 빈 외양간의 허물어진 데를 고치느라 수선을 떤다는 뜻입니다. 일이 잘못된 뒤에는 손을 써도 소용이 없음을 비유하는 속담입니다. 하지만 아무리 늦었더라도 고치는 게 좋겠지요?

고래 싸움에 새우 등 터진다.

 덩치가 큰 고래가 싸우는데 작디작은 새우가 껴서 다쳤나봐요. 강한 자들끼리 싸우는 통에 아무 상관도 없는 약한 자가 중간에 끼어 피해를 입는 것을 비유하는 속담입니다.

24일차 동물이 나오는 속담 쓰기(2)

개똥도 약에 쓰려면 없다.

개똥도 약에 쓰려면 없다.

개똥도 약에 쓰려면 없다.

 옛날에는 길거리에 발에 채이는 게 개똥이었어요.
평소에 그렇게 흔하던 것도 막상 쓰려고 구하면 없다는 뜻의 속담입니다.

개구리 올챙이 적 생각 못한다.

개구리 올챙이 적 생각 못한다.

개구리 올챙이 적 생각 못한다.

 개구리도 어린 올챙이에서 자라나지요? 이렇게 형편이나 사정이 전에 비하여 나아진 사람이
예전에 어렵던 시절을 까맣게 잊고 처음부터 잘난 듯이 뽐냄을 비유하는 속담입니다.

호랑이도 제 말하면 온다.

 깊은 산에 있는 호랑이조차도 그를 두고 이야기하면 찾아온다는 뜻으로, 누구라도 그 자리에 없다고 남을 흉보아서는 안 된다는 말입니다.

하룻강아지 범 무서운 줄 모른다.

 범은 호랑이를 가리키는 순우리말이에요. 갓 태어난 강아지가 호랑이가 얼마나 무서운 지 모르고 철없이 함부로 덤비는 상황을 설명한 말이에요.

25일차 자연에 관한 속담 쓰기(1)

티끌 모아 태산.

티끌 모아 태산.

티끌 모아 태산.

 티끌처럼 아무리 작은 것이라도 모이고 모이면 나중에 태산처럼 큰 덩어리가 됨을 비유해서 쓰는 말이에요.

가지 많은 나무에 바람 잘 날 없다.

가지 많은 나무에 바람 잘 날 없다.

가지 많은 나무에 바람 잘 날 없다.

 가지가 많고 잎이 무성한 나무는 살랑거리는 바람에도 잎이 흔들려서 잠시도 가만히 있을 수 없어요. 자식을 많이 둔 부모님도 가지가 많은 나무처럼 근심, 걱정 끊일 날이 없음을 비유하는 속담입니다.

 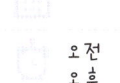 

월   일

오전
오후   :

까마귀 날자 배 떨어진다.

까마귀 날자 배 떨어진다.

까마귀 날자 배 떨어진다.

 까마귀가 배나무 위에 앉았다가 날아갔는데, 공연히 배 하나가 떨어진 거예요. 이처럼 아무 관계 없이 한 일이 공교롭게도 때가 같아 관련이 있는 것처럼 의심을 받을 때 이 속담을 씁니다.

벼 이삭은 익을수록 고개를 숙인다.

벼 이삭은 익을수록 고개를 숙인다.

벼 이삭은 익을수록 고개를 숙인다.

 벼는 가을이 되어 이삭이 영글면 줄기 끝이 축 내려갑니다. 사람도 마찬가지로 교양이 있고 수양을 쌓은 사람일수록 겸손하고 남 앞에서 자기를 떠벌리지 않는다는 것을 말해요.

가로세로 낱말퍼즐

가로세로 도움말을 읽고 낱말퍼즐을 풀어 봅시다.

① → ② ↓ 바
⑥ → 횡   ⑦ ↓ 도
⑧ → 박   ⑨ ↓
③ → 비   ④ ↓ 울
⑤ → 리
⑩ ↓ 신   ⑫ ↓ 갈
⑪ →   ⑬ → 모

가로 도움말

① 아랫도리에 입는 옷. 위는 통이고 다리를 꿰는 가랑이가 있어요.
③ 동글동글하게 방울이 진 비누 거품.
⑤ 세로로 된 관에 구멍을 뚫려 있는 악기. 손가락으로 구멍을 막았다 열었다 하며 소리를 내요.
⑥ 사람이 도로를 가로질러 건널 수 있도록 차도에 만들어놓은 길.
⑧ 유물, 예술품, 학술자료 등을 모아놓고 여러 사람이 볼 수 있도록 한 곳.
⑪ 산에 오르는 것.
⑬ 모를 못자리에서 논으로 옮겨 심는 일.

세로 도움말

② 바람의 힘으로 빙글빙글 도는 놀잇감. 종이의 네 귀퉁이를 여러 갈래로 잘라서 귀를 가운데로 모아 만들어요.
④ 풀이나 나무로 엮어서 집 둘레를 막는 것.
⑦ 책을 한 데 모아두고 여러 사람이 볼 수 있도록 한 곳.
⑨ 그림 그릴 때 색을 표현하기 위해 쓰는 것.
⑩ 차나 사람에게 통행을 알려주는 것. 초록색, 빨간색, 노란색 등으로 만들어져 있어요.
⑫ 바닷가에서 자주 볼 수 있는 새. 부산 ○○○.

정답
가로: ① 바지 ③ 비누거품 ⑤ 리코더 ⑥ 횡단보도 ⑧ 박물관 ⑪ 등산 ⑬ 모내기
세로: ② 바람개비 ④ 울타리 ⑦ 도서관 ⑨ 물감 ⑩ 신호등 ⑫ 갈매기

지혜로운 문장 쓰기(2)

선이 있는 종이에 문장을 쓸 때는 선의 가운데 선이 하나 더 있다고 생각하고, 그에 맞춰서 씁니다. 선의 높이만큼 글자를 크게 쓰면 여러 줄을 쓸 경우 읽기가 힘듭니다. 또 가로로 쓰는 문장에서는 세로획이 가지런하면 글씨가 더욱 정돈되어 보입니다.

26일차 자연에 관한 속담 쓰기(2)

가랑비에 옷 젖는 줄 모른다.

가랑비에 옷 젖는 줄 모른다.

가랑비에 옷 젖는 줄 모른다.

 보슬비는 조금씩 스며 들기 때문에 얼마간은 옷이 젖는 줄 모르지요. 이처럼 사소한 것을 가볍게 여기면 그것이 거듭되어 무시하지 못할 정도로 큰 문제가 될 수 있다는 뜻에서 쓰는 속담입니다.

하늘이 무너져도 솟아날 구멍이 있다.

하늘이 무너져도 솟아날 구멍이 있다.

하늘이 무너져도 솟아날 구멍이 있다.

 큰 일을 당하는 경우를 비유하는 말로 '하늘이 무너진다'라는 말이 있어요. 그만큼 막막한 상황일지라도 분명 살아 나갈 길이 보일거라는 말입니다. 이렇게 낙관적인 태도로 살아간다면 좋은 일이 많이 생길거예요.

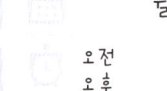

월   일
오전
오후 :

윗물이 맑아야 아랫물이 맑다.

윗물이 맑아야 아랫물이 맑다.

윗물이 맑아야 아랫물이 맑다.

 물은 위에서 아래로 흐르지요? 사람들의 사회도 마찬가지로 더 나이든 사람이 모범을 보이면, 아랫사람들도 그를 따라 좋은 행동을 보인다는 뜻으로 쓰는 속담이에요. 동생이 있다면 나부터 솔선수범해 보세요.

콩 심은 데 콩 나고 팥 심은 데 팥 난다.

콩 심은 데 콩 나고 팥 심은 데 팥 난다.

콩 심은 데 콩 나고 팥 심은 데 팥 난다.

 콩을 심으면 열매도 콩이 나지요? 이처럼 모든 일은 근본에 따라 거기에 맞은 결과가 나타난다는 것을 비유하는 말이에요. 주위에 좋은 일을 많이 해 보세요. 이것이 좋은 씨앗이 되어 여러분에게 좋은 일을 가져다 줄 거예요.

27일차 우정에 관한 속담 쓰기(1)

누워서 침 뱉기.

누워서 침 뱉기.

누워서 침 뱉기.

누워서 침을 뱉으면 그 침이 어디로 갈까요? 제 얼굴에 떨어지겠지요? 이 속담은 남을 해치려고 하다가 도리어 자기가 해를 입게 된다는 것을 비유할 때 씁니다.

미운 아이 떡 하나 더 준다.

미운 아이 떡 하나 더 준다.

미운 아이 떡 하나 더 준다.

미운 마음이 드는 친구에게 우리는 어떻게 하나요? 미운 사람일수록 잘해 주면 그 사람과 오해가 풀리고 친하게 지낼 수 있을 거예요. 미운 친구가 있다면 이 속담처럼 더 잘해 주세요.

월   일
오전   :
오후

바늘 가는 데 실 간다.

 바늘과 실은 천을 기울 때 쓰는 도구입니다. 바늘만 있어도, 실만 있어도, 제 역할을 할 수 없지요. 사람 간의 관계가 바늘과 실처럼 긴밀할 때 쓰는 속담입니다.

말 한 마디로 천 냥 빚을 갚는다.

 고운 말을 쓰거나 들으면 기분이 좋아지지요? 같은 말이라도 곱고 예쁘게 할수록 상대의 기분은 좋아질 거예요. 또 나아가 어려운 일이나 불가능해 보이는 일도 쉽게 해결할 수 있을 거고요. 오늘부터 고운 말, 예쁜 말을 써 보세요.

28일차 우정에 관한 속담 쓰기(2)

백지장도 맞들면 낫다.

백지장도 맞들면 낫다.

백지장도 맞들면 낫다.

 무거운 짐을 들 때 친구가 도와주면 쉽게 옮길 수 있지요? 이 말은 아무리 가벼운 백지 한 장이라도 같이 협력하면 훨씬 쉽게 할 수 있다는 뜻으로 씁니다.

가는 말이 고와야 오는 말이 곱다.

가는 말이 고와야 오는 말이 곱다.

가는 말이 고와야 오는 말이 곱다.

 고운 말을 하면 상대방도 고운 말로 대답하겠죠? 이처럼 자기가 남에게 말이나 행동을 좋게 하여야 남도 자기에게 좋게 해준다는 뜻으로 쓰는 속담입니다.

달면 삼키고 쓰면 뱉는다.

달면 삼키고 쓰면 뱉는다.

달면 삼키고 쓰면 뱉는다.

맛있는 것은 꿀떡 삼키고, 맛없는 것은 먹고 싶지 않지요? 하지만 친구 사이에는 그렇게 하면 안 됩니다. 이 속담은 옳고 그름이나 우정을 생각하지 않고 자기의 이익만 꾀하는 태도를 비유하는 속담입니다.

똥 묻은 개가 겨 묻은 개 나무란다.

똥 묻은 개가 겨 묻은 개 나무란다.

똥 묻은 개가 겨 묻은 개 나무란다.

겨는 곡식을 찧어 벗겨낸 껍질이에요. 입에 똥을 묻힌 개가 겨가 묻은 개를 보고 더럽다고 흉본다면 얼마나 우습겠어요? 이처럼 자기는 더 큰 흉이 있으면서 도리어 남의 작은 흉을 보는 경우에 쓰는 속담이에요.

29일차 자신감을 주는 속담 쓰기(1)

공든 탑이 무너지랴.

공든 탑이 무너지랴.

공든 탑이 무너지랴.

 돌을 하나 하나 올려 공들여 쌓은 탑은 쉽게 무너지지 않을 거예요. 이처럼 힘을 다하고 정성을 다하여 한 일은 그 결과가 반드시 헛되지 않을 거라는 뜻으로 자주 쓰는 속담입니다.

천 리 길도 한 걸음부터.

천 리 길도 한 걸음부터.

천 리 길도 한 걸음부터.

 마라톤을 할 때, 출발점에 서면 걱정이 앞설 수 있어요. 하지만 첫 걸음을 떼고 시작하면 어느새 반환점을 돌고 있는 자신을 발견할 거예요. 이처럼 무슨 일이든 그 일의 시작할 때의 마음가짐이 중요하다는 뜻으로 쓰는 속담입니다.

고생 끝에 낙이 온다.

 어려운 일이나 고된 일을 겪은 뒤에는 반드시 즐겁고 좋은 일이 생긴다는 뜻으로 쓰는 속담입니다. 같은 뜻으로 '태산을 넘으면 평지를 본다'라는 속담도 있어요.

세 살 버릇 여든까지 간다.

 어릴 때 몸에 밴 버릇은 늙어 죽을 때까지 고치기 힘들다는 뜻으로 쓰는 속담이에요. 여러분은 어떤 습관이 있나요? 좋은 습관이라면 여든 살까지 지켜나가도록 하고, 나쁜 습관이라면 얼른 고쳐야겠지요?

30일차 자신감을 주는 속담 쓰기(2)

무쇠도 갈면 바늘 된다.

무쇠도 갈면 바늘 된다.

무쇠도 갈면 바늘 된다.

 단단하고 강해 보이는 무쇠일지라도, 계속해서 갈면 바늘도 만들 수 있겠지요? 이처럼 꾸준히 노력하면 어떤 어려운 일이라도 이룰 수 있다는 뜻으로 쓰는 속담입니다. 여러분도 하고 싶은 일이 있다면 꾸준히 노력해 보세요.

쥐구멍에도 볕 들 날 있다.

쥐구멍에도 볕 들 날 있다.

쥐구멍에도 볕 들 날 있다.

 쥐구멍처럼 어둡고 구석진 곳까지 햇볕이 들겠어요? 그렇지만 언젠가 하루는 햇볕이 들 수도 있지요. 이처럼 몹시 고생을 하는 사람에게도 좋은 일이 생길 수 있으니 낙담하지 말라는 뜻으로 쓰는 속담입니다.

입에 쓴 약이 병에는 좋다.

입에 쓴 약이 병에는 좋다.

입에 쓴 약이 병에는 좋다.

 쓰디 쓴 약도 잘 먹어야 하는 이유는 아픈 몸을 낫게 해주기 때문이에요. 이처럼 자기에 대한 비판은 당장 듣기에 속상하겠지만, 그것을 달게 받아들이면 자기에게 이로운 일이 될 거라는 뜻을 담은 속담입니다.

구슬이 서 말이라도 꿰어야 보배.

구슬이 서 말이라도 꿰어야 보배.

구슬이 서 말이라도 꿰어야 보배.

 구슬이 아무리 많아도 바구니에 담아 놓으면 아무 쓸모가 없지요? 실에 꿰어 목걸이나 팔찌를 만들어야 보물이 됩니다. 이처럼 아무리 훌륭하고 좋은 것이라도 다듬고 정리하여 쓸모 있게 만들어 놓아야 값어치가 있다는 것을 비유하는 말입니다.

마음을 전하는 카드 쓰기

한 달 동안 연습한 글씨체로 부모님과 친구에게 감사나 축하의 마음을 전해 봅시다.

할아버지 / 할머니께
생신 축하드려요.
늘 건강하시고요,
저희와 함께 오래 오래 살아요.
손주 _____ 올림

아빠, 엄마에게
저를 낳고 길러주셔서 감사합니다.
앞으로 엄마, 아빠의
자랑스러운 아들 / 딸이 될게요.
어버이 은혜, 감사합니다.
아들 / 딸 _____ 올림

친구_____ 에게
새해에는 건강하고
내년도 올해처럼
우리 친하게 지내자!
너의 친구_____ 씀

_____ 야,
네가 멀리 이사를 간다니
너무 아쉽고 속상해.
앞으로도 우리 우정 변하지 말고
계속 연락하면서 지내자!
안녕!
너의 친구_____ 씀

바른 글짓기 따라쓰기

- 일기 쓰기, 이렇게 하면 쉬워요!
- 독서록, 이렇게 쓰면 쉬워요!

일기 쓰기, 이렇게 하면 쉬워요!

✏️ 일기는 하루에 대한 기록이에요.

　생활 일기는 그날의 일을 돌아보며 자기에게 남기는 글이에요. 그날이 지나면 기억이 희미해지니까 매일 쓰는 것이 좋아요. 좋았던 일, 나빴던 일, 슬픈 일 등을 떠올리다 보면 자신의 행동이나 상황을 정리할 수 있어요. 이처럼 생활 일기는 자기 생각과 행동을 자라게 해 줍니다. 부모님이나 선생님이 볼 수도 있으니까 감추고 싶은 내용은 쓰기 어렵다고요? 그렇지 않아요. 일기는 누구도 아닌, 자기 자신이 읽기 위해 쓰는 글이에요. 그리고 자신에 대한 기록이기 때문에 솔직하게 적는 것이 최고입니다.

✏️ 모든 것을 일기로 쓸 수 있어요.

　일기는 매일 매일 쓰는 것이 좋아요. 매일 똑같은 일과라도 만나는 사람도 다르고, 벌어지는 일도 다르고, 자기의 느낌도 다를 테니까요. 그래도 어떻게 쓰는지 모르겠다면 좀 더 창의적인 방법으로 써 봅시다. 일기는 생활 일기를 비롯해 독후 일기, 관찰 일기 등 다양한 종류가 있어요. 또 그림이나 만화로 그려서 그날의 일을 표현할 수 있습니다.

일기의 종류

생활 일기 : 그날 있었던 일에 관해 쓰는 일기.

독서 일기 : 읽었던 책에 대한 소감을 쓰는 일기.

관찰 일기 : 사물이나 생물 등을 관찰한 결과를 쓰는 일기.

견학/여행 일기 : 박물관, 전시회를 관람하거나 여행지에 대한 감상을 쓰는 일기.

상상 일기 : 있었던 일을 소재로 상상하여 동화처럼 쓰는 일기.

그림일기 : 내용을 그림으로 표현한 일기.

편지 일기 : 내용을 자기에게 보내는 편지처럼 쓰는 일기.

동시 일기 : 내용을 동시처럼 표현한 일기.

✏️ 일기는 이렇게 쓰세요.

일기를 쓸 때는 꼭 써야 하는 내용이 있어요. 일기라는 글의 특징을 살펴보면 알 수 있지요.

날짜와 날씨를 씁니다.

 어른이 되어 일기를 읽었을 때 날짜가 없으면 언제 있었던 일인지 알 수 없어요. 날짜를 적을 때는 연도, 월, 일, 요일 순서로 씁니다. 그리고 날씨도 중요한 내용이 될 수 있기 때문에 꼭 적습니다. 날씨는 단어로 적을 수도 있지만, 날씨를 나타내는 그림을 넣기도 해요. 아주 몹시 더웠다면 해를 두 개 그려 넣으면 되겠지요?

제목을 씁니다.

 제목은 글을 대표하는 간판과 같은 것이에요. 일기 내용을 한눈에 알아볼 수 있어요. 일기의 소재를 제목으로 써도 좋고요, 생각이나 감정을 덧붙여 써도 좋습니다.

있었던 일을 씁니다.

 일기를 쓸 때 가장 막막한 점은 바로 쓸 거리를 찾는 일입니다. 매일 같은 생활에서 특별한 일을 떠올리기란 쉽지 않지요. 그러면 누구와 만났는지, 무엇을 했는지, 어디에 갔는지, 그때 내 생각은 어땠는지 하나씩 나누어 생각해보는 거예요. 무엇을 남기고 싶은지 생각날 거예요.

생각과 느낌을 씁니다.

 무엇을 쓸지 생각했다면, 그때 있었던 상황을 자세히 떠올려 보세요. 잘 생각나지 않는다면 그러면 그날 있었던 일을 가족이나 친구와 함께 이야기 나누어 보세요. 만난 사람의 모습이나 나누었던 대화를 하나씩 하나씩 떠올리며 자세히 이야기하는 거예요. 이때 자기의 느낌을 다양한 말로 표현하면 일기의 내용이 더 풍성하고 재미있게 느껴질 거예요.

 자, 그럼 이제부터 하나씩 하나씩 따라만 해도 쉬워지는 일기 쓰기를 시작해 봅시다.

일기 쓰기, 이렇게 하면 쉬워요!

다음 네 단계를 하나씩 하나씩 따라 연습해 봅시다.

1단계 하루를 나누기

우리는 아침, 점심, 저녁처럼 시간에 따라 어떤 일을 합니다. 또 집에서 학교로, 학교에서 놀이터로 장소를 옮겨 어떤 일을 하지요. 시간의 흐름에 따라 어떤 일이 있었는지, 어떤 장소에서 누구와 무엇을 했는지 떠올려 봅시다.

✿ 그림 속 주인공인 동동이가 언제, 어디서, 무엇을 했는지 적어 봅시다.

①

②

③

④

① <u>아침</u>에는 <u>학교</u>에 <u>갔다</u>.

② <u>낮</u>에는 <u>놀이터</u>에서 <u>숨바꼭질</u>했다.

③ <u>저녁</u>에는 <u>집</u>에서 <u>밥</u>을 <u>먹었다</u>.

④ <u>밤</u>에는 <u>누나</u>와 <u>동화책</u>을 <u>읽었다</u>.

2단계   한 일 생각하기

언제, 또 어디에서 어떤 일을 했는지 떠올렸다면, 좀 더 자세히 그 일을 되새겨보는 거예요. 무엇을 보았는지, 무엇을 들었는지, 무엇을 만들었는지 등 신체가 움직였던 것을 생각해보면 쉽게 떠오를 거예요.

❋ 그림 속 주인공인 동동이가 무엇을 했는지 적어 봅시다.

①

②

③

④

① 교문에서 그만 <u>친구</u>와 _____.

② 시원한 바람에 날리는 _____ 을 <u>보았다</u>.

③ _____ 를 맛있게 _____.

④ 동화책을 읽다가 <u>깜짝</u> _____.

일기 쓰기, 이렇게 하면 쉬워요!

3단계 생각 나누기

그때 있었던 느낌이나 생각을 말로 표현해보는 것은 매우 중요합니다. '좋았다', '싫었다' 등과 같은 단순한 표현에서 한발 더 나아가 '어떻게', '얼마나'를 붙여서 생각해 보세요. 또는 그런 느낌이 들었던 이유에 대해 생각해 보는 것도 좋습니다. 자기의 느낌과 생각을 자세하고 다양하게 표현할 수 있으니까요.

🌸 그림 속 주인공인 동동이의 느낌과 생각을 적어 봅시다.

①

②

③

④

① 친구가 <u>사과를 안 해서</u> _____.

② <u>시원한</u> 바람은 <u>어디로 갈까</u> _____.

③ <u>엄마가 해준</u> 불고기는 <u>세상에서</u> _____.

④ <u>누나가 읽어주어서</u> _____.

4단계 글로 연결하기

앞서 나온 내용을 하나의 글로 연결하는 과정입니다. 길지 않더라도 시작에서 맺음까지 완결된 글로 적어보는 것이 중요합니다. 이때 실제 나누었던 대화문을 직접 적거나, 소리와 모양을 빗댄 단어로 표현하면 내용이 더욱더 생생해집니다.

🌟 도움 낱말을 이용하여 일기를 적어 봅시다.

도움 낱말

쾅   살랑살랑   엉엉   씩씩

"아이코!"   "깜짝이야!"   "엄마가 만든 불고기가 최고야."

일기 쓰기, 이렇게 하면 쉬워요!

앞서 연습한 단계를 떠올리며, 오늘의 일기를 써 봅시다.

제목 :

날짜 :   날씨 :

오늘의 이야기를 그림으로 그려 보세요.

제목 :

날짜 :   날씨 :

독서록, 이렇게 쓰면 쉬워요!

독서록은 읽은 책에 대한 기록이에요.

독서록은 책을 읽고 그 내용과 느낀 점 등을 정리하여 기록하는 형식의 글입니다. 책을 읽었더라도 하루, 이틀 지나면 내용이나 느낌도 점점 잊게 됩니다. 그래서 그 내용이나 느낌을 기록해두면 오래 기억하고 생활에 유용하게 쓸 수 있어요. 일기처럼 매일 쓰는 것은 '독서 일기'라고도 해요.

독서록은 좋은 점이 아주 많아요. 책의 내용과 줄거리를 오래 기억할 수 있고, 글의 대목마다 느낀 점이나 교훈 등을 뚜렷하게 알 수 있어요. 여기에 결말을 바꾸어 생각하거나, 뒤에 이어질 이야기를 상상해 보면서 나도 모르는 새 창의력과 상상력이 풍부해져요. 또 매일 매일 적다보면 책의 내용을 요소별로 정리하는 좋은 습관을 기를 수 있어요.

독서록을 작성하려면 우선 책을 읽어야겠죠? 어떤 책을 읽어야 할지 모를 때는 도서관에서 추천하는 책을 읽으면 좋아요. 또는 친구들에게 추천을 받아도 좋고요. 책을 잘 골랐다면, 내용을 잘 읽어야겠죠? 읽는 데도 '잘' 읽는 방법이 있어요. 책을 펼치기 전에 먼저 책의 표지에 무슨 내용이 있는지 살펴보세요. 책의 표지는 책의 얼굴과 같아서, 그 안에 담긴 내용이 무엇인지 잘 알 수 있습니다. 그런 다음 차례와 머리말 등을 훑어보고, 내용을 읽으면 됩니다. 내용을 정확히 알기 위해서는 급하게 읽지 말고 천천히 내용을 곱씹으며 읽어보세요. 기억에도 잘 남고, 여운도 남다를 거예요.

✏️ 독서 카드로 먼저 정리해 보세요.

독서록이라고 해서 너무 부담을 가질 필요는 없어요. 처음부터 많은 내용을 써야 하는 것은 아니니까요. 아무래도 어려울 것 같다면, 먼저 독서 카드를 써 보세요. 독서 카드는 독서록을 쓰기 전 생각을 정리하는 단계라고 생각하면 됩니다.

책 이름	물방울의 여행	읽은 날	2019월 1월 10일
지은이	김동동	출판사	동양북스
등장인물	방울이(물방울), 돌돌이(돌멩이), 노랑이(나비), 개똥이(개똥) 등.		
줄거리	방울이가 여러 가지 모습으로 바뀌면서 세상을 여행하는 이야기.		
감상	어려움이 있을 때, 나도 방울이처럼 씩씩하게 이겨낼 거다.		

오늘 읽은 책의 내용을 독서 카드로 정리해 보세요.

책 이름   읽은 날

지은이   출판사

등장인물

줄거리

감상

독서록, 이렇게 쓰면 쉬워요!

독서록, 이렇게 써 보세요.

이렇게 독서 카드의 내용을 바탕으로 독서록을 써 내려가면 됩니다. 독서록을 쓸 때는 책의 내용을 등장인물과 사건, 감상, 이렇게 세 부분으로 나눈 뒤, 다음과 같은 질문을 하고 그 답을 써 내려가면 쉽게 쓸 수 있습니다.

등장인물에 대한 질문
1) 주인공의 성격은 어떤가요?
2) 주인공은 왜 그렇게 행동했나요?

사건에 대한 질문
1) 줄거리를 '언제, 어디서, 누가, 무엇을, 어떻게, 왜'의 내용이 들어가도록 요약해 보세요.
2) 책 내용 중 마음에 들지 않는 부분은 어디인가요? 그렇다면 내용을 어떻게 바꾸고 싶나요?
3) 결말 이후에 일어날 일을 상상해서 적어 보세요.

감상에 대한 질문
1) 책 제목의 뜻은 무엇이라고 생각하나요?
2) 주인공의 결정이 옳다고 생각하나요?
3) 책의 내용과 비슷한 경험이 있나요?

원고지에는 이렇게 쓰세요.

독서록을 원고지에 써 봅시다. 다음 몇 가지만 주의하면 원고지 쓰기도 어렵지 않아요.

원고지 쓰는 법

1) 제목은 위에서 두 번째 줄 가운데에 씁니다.

2) 학교 이름은 제목 다음 줄에 쓰며, 끝에서 네 칸이 남도록 씁니다.

3) 학년과 반 이름은 그다음 줄에 쓰며, 끝에서 세 칸이 남도록 씁니다.

4) 이름은 다시 그다음 줄에 쓰며, 끝에서 두 칸을 남기고 씁니다.

5) 본문은 한 줄을 비우고 시작하며, 문단이 바뀔 때마다 한 칸을 비우고 씁니다.

6) 글을 쓸 때는 맞춤법에 따라 띄어쓰기를 하며, 줄 끝에 띄어쓰기할 칸이 없으면, 줄 맨 끝 여백에 ∨를 표시한 뒤 줄을 내려 글을 이어 씁니다.

7) 대화문처럼 문장을 인용해서 쓸 때는 줄을 내리고, 한 칸을 비우고 씁니다.

			물	방	울	의		여	행
				서	울	초	등	학	교
					2	학	년		1	반
							김	송	이
눈	부	신		아	침		햇	살	에		기	지	개	를	∨
켠		방	울	이	는		깜	짝		놀	랐	습	니	다	.
	"	돌	돌	이	는		어	디	로		갔	지	?	"
	어	제		함	께		이	야	기	하	다		잠	든

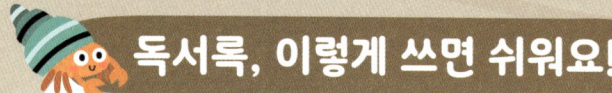

독서록, 이렇게 쓰면 쉬워요!

원고지 쓰는 법에 주의하여 독서록을 써 봅시다.

가장 쉬운
초등 바른글씨 따라쓰기 하루 한 장의 기적

초판 6쇄 2022년 12월 5일 | **저자** 동양북스 콘텐츠기획팀 | **발행인** 김태웅 | **마케팅** 나재승 | **제작** 현대순 | **편집** 양정화 | **디자인** 남은혜, 신효선
발행처 (주)동양북스 | **등록** 제2014-000055호(2014년 2월 7일) | **주소** 서울시 마포구 동교로22길14 (04030) | **구입문의** | **전화** (02)337-1737 팩스 (02)334-6624
내용문의 | **전화** (02)337-1763 dybooks2@gmail.com

ISBN 979-11-5768-460-1   63720

▶ 본 책은 저작권법에 의해 보호를 받는 저작물이므로 무단 전재와 복제를 금합니다.
▶ 잘못된 책은 구입처에서 교환해드립니다.
▶ 도서출판 동양북스에서는 소중한 원고, 새로운 기획을 기다리고 있습니다.
  http://www.dongyangbooks.com